(Par le marquis
Gervaisais.)

(Par le marquis de La Gervaisais.)

LES

DROITS DE L'HOMME,

DANS LE VRAI SENS.

> Quant au peuple, la nature lui a fait un pays; la société ne lui a pas fait une patrie. (*Le Pouvoir et le Droit.*)
>
> On bat monnaie, non pas sur la place de la Révolution, et au prix des têtes : mais parmi les galetas, sous les chaumières, et aux dépens de la vie. (*La Cause humaine.*)

PARIS,

A. PIHAN DELAFOREST,

IMPRIMEUR DE LA COUR DE CASSATION,
Rue des Noyers, n° 37.

1832.

Dans le sein de chaque nation agglomérée sur le même sol nourricier, et circonscrite par les mêmes limites territoriales, il existe deux races fortement tranchées et complètement détachées, non pas en idée et par les opinions, mais en réalité et dans les intérêts.

Deux races, dont la position sociale est telle, que la supériorité en nombre, en force, est alliée à l'infériorité en pouvoir : et que l'infériorité en ressources, en jouissances, est unie à la supériorité en charges, en exigeances.

Là, il semble d'un peuple de conquérans qui vit en société à part, qui compose à lui seul la cité, qui possède l'empire et inflige la loi.

Ici, on croit voir un peuple de tributaires, qui est parsemé au hasard, est dépourvu de liens et de rapports, est réduit enfin à subir, à pâtir.

En place de serfs attachés à la glèbe du sol, les temps présens dénoncent des serfs attachés à la glèbe du fisc.

Entre l'État, ainsi qu'il plaît de le dénommer, et cette fausse sorte de membres de l'État, il n'y a communauté, que par l'intermédiaire des subsides que versent ceux-ci, que touche celui-là.

En aucun point, il n'y a mutualité, réciprocité : les derniers, n'ayant d'autres fonctions que de subvenir aux besoins d'une cité étrangère : et le premier, n'ayant d'autre mission que de dispenser entre ses féaux, les recettes ainsi obtenues.

C'est en France surtout, que prédomine cet état de choses ; par cette double raison que la race souveraine a perdu dès long-temps les mœurs préservatrices, et que la race sujette n'a pas acquis encore les lumières protectrices. (*De l'Amortissement*, 1831.)

Le Pouvoir et le droit,

Les Besoins et les droits,

Le Peuple et le non-peuple,

La Loi du besoin,

La Cause humaine,

Les Droits de l'homme,

Voilà des titres significatifs, démonstratifs, peut-être. Mais le vrai est anathême.

D'abord, en ce que son intervention au sein d'une société subvertie en tout point, choque et révolte, sans parler des anciennes existences, et les parvenus et les parvenans en puissance, en jouissance.

Et encore en ce que son admission, son acceptation, rencontrent des obstacles dirimans, à l'entrée des esprits qui sont saturés de faux, qui se noient et s'abîment dans le faux.

Et surtout, en ce que le vrai, d'ordinaire investi du titre de neuf, ne laisse pas que d'être pénible à comprendre, ne manque pas en outre d'être difficile à rendre.

Les exemples abondent. La raison se rend assez compte, combien la tâche est différente entre celui qui ne songe qu'à broder des phrases, à nuancer des couleurs sur un canevas donné; et celui qui à travers la nuit des préjugés passés et présens, tente la recherche de la vérité.

Pourtant, ce n'est qu'en se mettant en quête, en se tenant à l'affût, qu'il est donné à l'homme, d'entrevoir et saisir par ci-par là, quelques échappées de lumière.

Telle a été la marche constamment suivie, comme cela

se voit en parcourant les écrits économiques publiés depuis trois ans. (*Voir la loi du Besoin.*)

Seulement la confession a hâte d'être faite, que par diverses causes oiseuses à déduire, maint autre eût été plus préparé , mieux disposé à ébaucher l'œuvre difficultueuse.

Qu'importe au reste.

Sous la plume, comme dans la pensée, il n'y a point d'homme à se montrer, point d'homme à rencontrer.

La personne est comme effacée : s'étant toujours gardée, et se gardant plus que jamais, de prétendre à rien , soit en fait de pouvoir ou de faveur, soit en fait d'éloges et même d'égards.

La chose apparaît seule , en face de l'opinion adhérente ou opposante.

La chose n'a point été exposée encore, n'est livrée qu'à présent à l'attention publique.

La chose commande , de même à l'accueillir ou à la repousser, les plus profondes méditations.

Mais si de tout temps , on mange et on dort au jour le jour ; de nos temps, on pense, on écrit au jour le jour.

Il faut aux journaux, tantôt inspirés par l'ambition, tantôt voués à la cupidité, fournir constamment à leurs auxiliaires ou à leurs abonnés, quelque appât séduisant et donc décevant.

C'est comme une série quotidienne de drames mi-tragiques, mi-comiques, qui tiennent l'auditoire en émoi, et que la toile baissée enfouit dans l'oubli.

Vainement un tel sujet à traiter, serait du plus grand poids, du plus grand prix, en vue des desseins.

Ainsi on se rendrait populaire.

Au cas que le gouvernement se refusât toujours à prendre les devans, l'opposition se donnerait des remparts inexpugnables, des armes indomptables.

Les cœurs d'abord, les bras ensuite, lui viendraient en appui, en aide.

Surtout elle se donnerait, ce qui vaut mieux encore, et justice et raison.

Il n'y a que l'homme dans la nature. Il n'y a dans la société que les hommes.

Rien n'est juste que ce qui se fait pour l'homme ; rien n'est raisonnable que ce qui se fait pour les hommes.

Voilà pour les gens de la presse.

Et voici pour les gens du pouvoir.

Or, qu'on ait du calme, du sang-froid : qu'on écoute à la façon du criminel, assis sur la sellette, l'arrêt des destins.

Naguères, tempête formidable ! épouvantable tourmente ! et subversion, bouleversement.

Maintenant, rien que chaos.

Eh bien ! quel qu'il soit, quoi qu'il fasse, le pouvoir qui vient à poindre, le principe d'ordre qui tente de percer, s'épuisera en effort, s'usera par le succès, s'achèvera avant terme.

Honneur à lui, s'il ouvre et aplanit les voies, s'il travaille au compte de l'avenir, s'il prépare l'œuvre du bien.

Malheur à lui par cela même : car à travers tant d'obstacles, d'embarras, de résistances, il faiblit et faillit d'autant plus tôt.

Rien ne peut sauver ; car rien ne doit durer.

Qu'on fasse chose ou autre, peut-être n'y a-t-il ni à gagner ni à perdre, sur le point de l'existence.

Vivre ou périr est hors de la portée : avec ou sans honneur, fait tout le débat.

Veut-on, à peine installé au faîte, après avoir soutenu jusqu'alors les principes, se soustraire déja aux conséquences ?

Ou veut-on, bientôt rendu à l'état primitif de vie, s'accorder quelques douceurs de mémoire, s'assurer quelque repos à la pensée ?

Telle est l'alternative.

Mais qui entend rien ? qui entendit jamais ?

« Malheureux peuple, constamment voué à la servitude ou dévoué à la licence, alternativement agent et patient des ambitions, tour-à-tour objet de douleur et de terreur, de regrets et de reproches, toujours seul but de la sollicitude ! » (*Ecrits de* 1790.)

Entre la presse et le pouvoir, entre le marteau et l'enclume, victime prédestinée ce semble, à coups redoublés, le peuple est broyé, est moulu.

Va pour la guerre ! s'écrie la presse des deux bords extrêmes : au prix de quelques cent milliers d'existences à néant, de plusieurs millions d'existences en peine.

Va pour l'impôt ! se dit en soi-même le pouvoir : en faveur des tenans et aboutissans à la puissance ; aux dépens des manquans en jouissance, en subsistance.

De l'un à l'autre parti, il y a plein accord, parfaite harmonie ; en ce point que le peuple n'a qu'à pétrir la pâte et chauffer le four :

Sauf à se battre à outrance, à s'égorger de grand cœur, au partage du gâteau.

La valeur de l'homme !...

Que dire sur ce point, en de tels temps, à de telles gens.

Ils ont repoussé le ciel, d'une injurieuse parole; et la terre se retire devant leurs humbles suppliques.

Ils ont rompu avec Dieu; et l'homme les répudie.

Par eux, le néant a été mis là haut; et le chaos s'en est ensuivi ici bas.

Les premiers, les seuls encore, il leur a paru qu'un peuple pouvait se passer de religion; et que la vie future propice aux bons, fatale aux méchans ne servait en rien.

Pour déblayer de tout obstacle la route triomphale, le prêtre récalcitrant a été poursuivi; et se retranchant derrière l'autel, l'autel a été renversé sur le prêtre.

En vain l'avenir s'avançait : en vain s'annonçait le déclin de l'esprit religieux.

On n'attend pas. Il faut presser l'heure finale; il faut porter le dernier coup. Peut-être la religion reprendrait.

Point de délai : point de répit. *Ecrasons l'infâme :* achevons la religion.

Et maintenant que faire du malheureux? Sur

la terre, point de secours : dans le ciel, point de recours.

Il naît et vit et meurt, à la façon de l'animal, du végétal presque.

Et maintenant que dire à l'heureux de la terre, au sujet de la valeur de l'homme.

A parler sentiment, le doigt de Dieu n'est plus là , pour toucher la fibre qui doit répondre.

A parler raisonnement, il est retorqué aussitôt; et cela avec une justesse parfaite.

« Si je suis riche et puissant, si j'ai les lumières et les jouissances, je vaux.

« Si tel autre ne l'est pas, ne les a pas , il ne vaut.

« De cette sorte, un mille et plus ne vaut pas, vaut moins que moi seul. »

Certes, rien n'est plus logique, abstraction faite du principe religieux; car n'y ayant plus rien dans le ciel, ce qu'il y a sur la terre est tout.

Nul moyen valable de réfutation ne se rencontre, que dans l'explosion d'une révolution vengeresse.

Or qu'advient-il de cet état de choses, au sujet de la valeur de l'homme?

Il y aurait un traité à faire sous ce titre : et le mot est à peine admis, n'est pas du tout usité.

Ni la parole n'en use, ni la pensée ne s'en saisit : et la morale ne l'exploite pas; la politique ne l'applique pas.

Seulement, on ne sait quoi, sentiment ou instinct inerte et morne, en recelle la conscience.

Même pour l'un ou l'autre, c'est un axiome ; c'est un véritisme (*truism*, en anglais) : locution plus prononcée encore.

Et voilà le mal.

Justement parce qu'il n'y a lieu à doute, à débat, l'attention manque à être sollicitée; et par désuétude, la notion s'efface, se perd.

Telle est la triste condition de l'esprit humain, que le sophisme, le paradoxe mis en œuvre, prennent vie ; tandis que la vérité brute, reste morte.

Si bien que de bonne foi , qu'en conscience , non-seulement nul état n'est fait de la valeur de l'homme ; valeur absolue en chacun, valeur égale entre tous :

Mais encore, qu'à l'instigation des honteux ou hautains penchans, cette valeur fixe est scindée sous les deux ordres de l'infiniment grand, de l'infiniment petit !

Les uns puissans et habiles, s'installent dans le premier ordre : les autres faibles et simples sont rejetés dans le second :

Jusqu'à ce point, que pour ceux-là, la valeur de l'homme est tout, sauf une fraction imperceptible ; que pour ceux-ci, elle n'est rien , sauf une fraction analogue.

Or cette fausse prisée de la valeur relative de tels et tels hommes, se prête de même au service , et des intérêts, des passions, et des idées , des opinions.

Là, Napoléon pour la plus grande gloire de son nom, envoie? aux armées avec un mandat de mort à vue, des millions de ses semblables.

Ici, comme en hommage à leur système, un député annonce qu'il faudra peut-être demander à chaque père de famille, son dernier enfant; et un écrivain déclare qu'il vaut mieux que la moitié de la nation périsse, plutôt que de se soumettre aux Bourbons.

Paroles étrangement contrastantes avec le dire de Rousseau : que toute révolution politique est trop chèrement achetée au prix de la vie d'un seul homme.

De même, dans les deux thèses, la population serait non pas décimée, mais dédoublée ou réduite à demi.

En nombre égal, une part serait au préalable, expulsée de cette terre, expédiée pour l'autre monde ; où suivant les principes préconisés, le néant viendrait la saisir :

Tandis que l'autre part aurait en définitif, à être heureuse et fortunée : de façon sans doute, qu'il y eut une compensation quelque peu sortable.

Ou comme les révolutions politiques, ne tendent et ne parviennent, qu'à conférer des droits à certaines personnes ; la balance s'établirait entre l'accroît de jouissance du centième peut-être, et la fin de l'existence de la moitié.

C'est-à-dire que dans le calcul, s'il y a calcul, la valeur de l'homme est estimée, est portée en compte , là et ici , dans la raison la plus inique.

Cependant l'homme ne s'assouvit jamais, en point d'orgueil et de vanité : par cela même.que les alimens qu'il ravit, ne se digèrent point, ne le repaissent pas.

Comme aussi, l'homme n'est jamais embarrassé à déguiser ses traitres appétits, sous les titres les plus brillans.

Tantôt la liberté et l'égalité, tantôt l'honneur et la gloire servent d'enseigne ostensible , aux complôts de l'envie, de la vengeance, de l'ambition.

Et il y a révolution, ou il y a guerre : choses tendantes de même à conquérir les droits moraux ou matériels possédés par autrui, soit au dedans, soit au dehors.

Les guerres offrent les mêmes caractères que les révolutions.

Toujours d'un bord, retourne le prix, le profit ; et du bord opposé, incombe la charge, la perte.

Au lieu des classes supérieures de la cité , ce sont les rangs supérieurs de l'armée, dont le front vise à s'élever , à s'illustrer ; tandis que les subalternes n'ont qu'à perdre bras et jambes, et têtes.

Ou pis encore, ce sont les membres du cabinet qui , pourchassés et bientôt forcés, cherchent à donner le change, à faire perdre la voie (1).

______

(1) « Trois ministères , trois guerres ? Tel est le trait qui fixe l'attention, qui commande la réflexion.

La voilà, cette triste nation, cette pauvre population, dont chaque membre a valeur d'homme; et dont, à l'exception d'un centième, d'une fraction insignifiante, la masse faisant la somme to-

---

« 1823, 1828, 1830 : L'Espagne, la Morée, l'Afrique !... Une répression, une intervention, une vindication !

« Si tant de faits semblent difficiles à rattacher au même principe : aussi ce serait chose trop étrange que le hasard aveugle qu'il est, eut agi de même, ici et là.

« Trois ministères, trois guerres !...

« C'est que le besoin, la soif de l'existence subjuguent la raison, gouvernent la volonté; étouffent l'une et entraînent l'autre.

« L'existence semble-t-elle en péril? A tout risque, à tout prix, il faut la préserver.

« Tentons les hasards de la gloire; déroutons la pensée « ennemie; frappons l'opinion incertaine. D'abord le projet « émeut les esprits; puis le succès écrase l'envie, éteint les « haines. »

« Non; sauf que la dignité de la couronne, ou que la sécurité du pays ne commande, vous n'avez pas le droit d'envoyer à la mort, un nombre plus grand qu'on ne pense, de ces malheureux enlevés à leurs familles, enchaînés dans les rangs.

« Non : et vous ne le voulez pas vous-même. C'est-à-dire, vous ne le voudriez pas, d'une pensée qui, pour fournir de justes notions à la volonté, se serait élancée à travers l'avenir jusqu'au jour de la rentrée des troupes.

(Extrait d'une note remise à plusieurs ministres, lors de l'entreprise d'Alger.)

tale, n'a pour besoin et désir, que de vivre tant bien que mal.

En rien ne lui importent, et l'honneur du pays et la gloire des armes.

Pour elle, où donc gît l'honneur ? soit sur sa dure couche, ou dans son pain amer, ou sous ses haillons puans ! car elle n'a que cela, encore quand elle a cela.

Pour elle, que lui vaudra la gloire ? Eh ! la gloire ne se marie pas avec les misères, ne se dispense pas en petite monnaie.

Ne parlez plus d'honneur et de gloire, sauf pour mentir, et non pour tromper. Ne parlez point, à qui n'entend.

C'est aux menottes de gendarmes à donner la leçon d'honneur ; aux salles de discipline à enseigner le cantique de gloire : comme c'est aux champs de bataille à enfouir et la leçon et le cantique.

Qu'est-ce donc qu'on entend par le mot des droits de l'homme ?

Pour les gouvernans, droit de faire tuer ; pour les gouvernés, droit de se faire tuer.

Qu'est-ce donc que veut dire le mot de valeur de l'homme ?

Pour ceux-la, valeur incommensurable ; pour ceux-ci, valeur imperceptible : et ici le sacrifice de la vie, là le caprice de l'idée, mis en balance, tenus au pair.

Encore, de faire tuer, cela ne concerne que

les enfans : les parens restent intacts et disponibles, à l'effet de faire payer. Il n'y aura cette fois que sacrifice de bourse.

L'exemple le plus frappant vient d'en être donné.

Nous en sommes à une révolution qui, tôt ou tard, en éclatant de nouveau, fera sauter ceux qui ont mis le feu aux poudres.

Or, que fera le siècle qui manque de cœur en deux façons; et de même se défend, d'affronter les périls personnels, d'être affecté des souffrances étrangères?

Le siècle aura peur, aura peur d'une ombre, de son ombre.

Vite, au delà comme en deçà des Vosges et des Alpes, obstacles massifs qui interceptent la lumière, le tremblement saisit.

Et la crainte, la honte, l'une portant l'autre, cherchent à se reposer, à se dissimuler, derrière une épaisse ceinture d'armemens.

Ceci suffisait à porter la lumière.

Chez les uns et chez les autres, la peur au pair, la peur à l'envi ! il y avait de quoi neutraliser, de quoi garantir la paix.

Mais, qui écoute? qui entend (1)?

---

(1) La France arme, tel est l'acte; quel est le motif?
Qui donc menace la France?
Qu'est-ce donc que craint la France?
Forte en population et en production; encore plus forte

On s'arme jusqu'aux dents, enlevant les outils du travail, éloignant le retour du travail, atténuant les fruits du travail.

Rien de mieux : si ceux qui prennent la peur, si ceux qui courent la chance en bien ou en mal, avaient le compte à solder, avaient à payer, d'abord de leurs personnes, ensuite de leurs fortunes.

---

de position et de circonscription, la victoire est presque impossible; la conquête est plus qu'impossible.

Contenir entière et compacte, ou diviser entre les alliés aussitôt ennemis : de même chose absurde.

Il y aurait plutôt à mettre le feu au sol, à le noyer sous les flots.

La France n'est point menacée ; c'est elle qui menace. La France n'a rien à craindre, c'est elle qui est à craindre.

En se mettant, en se tenant en état de défense, la France manque à la fois de mémoire, de jugement.

Les puissances vont désarmer, dit-on.

Pourquoi donc, si elles n'ont armé, qu'à l'imitation, et pas en même proportion?

Comment donc, lorsqu'une portion de leurs peuples s'est déja mise en insurrection?

Comment donc, tant que la France inhabile à se garantir la paix à elle-même, est hors d'état de la garantir à l'étranger.

L'Europe porte en son sein les sécurités infaillibles de la France ; au lieu que la France coûve des périls imminens pour l'Europe.

La France, sans armée, lance encore la menace: l'Europe avec ses armées, n'est point liberée des risques (*de la Guerre*, 1831.)

Gardez-vous de le croire : quelle ame assez dure voudrait compromettre ces existences, au moins riches en lumières, ces existences de prix.

Graces à Dieu! l'espèce des vilains n'est pas encore éteinte; espèce taillable et corvéable à merci, et disponible corps et biens, et seulement bonne à faire tuer, à faire payer.

Aussi fait-on. Tout le fardeau se voit rejeté sur qui, est à l'abri de craindre, et surtout de perdre, n'ayant aucun avoir.

Sur qui, en temps de paix, en cas de guerre, n'a qu'à se dire tour à tour :

Notre Ennemi, c'est notre maître.
. . . .
Me fera-t-on porter double bât, double charge ?

D'abord, pour cause ou sous prétexte de guerre, sont conservées, consacrées, toutes les taxes tendantes à réduire les forces, à resserrer les emplois; tendantes à fermer la main au devant du pain, ou à ravir le pain au dedans de la main.

Puis, chose plus hideuse encore, les impôts personnel, mobilier, locatif, sont aggravés au-delà de toute limite, sont infligés jusque sur le nécessaire, à peine au niveau, ou déjà en déficit.

On fait tuer, on fait payer : comme en retour de ce qu'on ne laisse pas travailler :

Moins il y a de ressources, plus il y a de charges.

Ainsi, il est fait dédain et mépris de la valeur de l'homme.

Ainsi, l'homme en nature, l'homme en chair et en os, l'homme organique seulement et presque *animalique,* n'est prisé, n'est compté en rien, pour rien.

Et cependant ces êtres, pris un à un au taux de zéro, sont tout et font tout, réunis en nombre, ralliés en masse.

Et cependant, dans l'ordre moral, dans l'ordre politique, il n'y a qu'un point, qu'un principe de sorte incontestable, à la fois essentiel et fondamental, permanent et universel :

Il n'y a que le dogme de la valeur de l'homme, duquel dérive tout droit, auquel se rapporte tout devoir.

Chrétien ou philosophe, absolutiste ou libéral! peu importent les titres.

Qui le viole, est où se fait barbare.

Qui le viole, fraude la nature, fausse la société.

Les droits de l'homme !.....

C'est le corollaire de la valeur de l'homme.

En tant que l'homme vaut, il lui est dû : autant que l'homme vaut, il lui est dû.

La valeur fait les droits. Et la valeur étant égale d'homme à homme, aussi les droits sont égaux entre les hommes.

Mais la ligne du juste s'arrête à la limite du possible.

Mais les droits impliquent des devoirs relatifs : si bien que ceux-ci manquant à être praticables, ceux-là cessent d'être équitables.

L'essence des droits consiste à être égalisés, à être réalisables. Et pour rester égaux, pour devenir réels, ils ont à se restreindre, se réduire, se resserrer.

Dans le champ commun, la pâture ne sera dispensée en pareille portion, qu'en l'étant en modique portion.

La sobriété est le caractère des vrais droits; comme la voracité est celui des faux droits.

Il faut suivre dans le cours des phases sociales, l'altération, la transformation de ceux-là en ceux-ci.

Aux premiers temps, nul n'aspirait qu'à la subsistance, qu'à la vie animale ; et chacun y parvenait.

Bientôt tel et tel rassasié et reposé sur l'avenir, s'est mis à prétendre à la jouissance , à la puissance.

Et tels et tels en grand nombre , non-seulement n'avaient pas participation à ses plans , mais encore furent mis à contribution pour ses fins.

Or la subsistance est apte à se répartir également, même à se reproduire successivement.

Au lieu que la jouissance, la puissance, dévorent le fruit, dessèchent le germe.

Les voilà pourtant, qui s'investissent du titre de droits, qui s'inaugurent sur l'autel de la justice, qui se préconisent au nom de la patrie.

Les voilà, qui tantôt invoquent et tantôt ravissent la liberté politique : laquelle déférée à peu et refusée à beaucoup, prodigue là les faveurs, ici les sévices.

Puis, entre les fortunés détenteurs, le débat s'élève à l'instant et se prolonge sans fin, à qui en aura plus ou moins, ou même aura tout : et la masse déshéritée, vient à soutenir l'un ou l'autre parti, vouée en tout cas à subir les pertes, à manquer les profits.

A ce terme, à ce point, ce n'est qu'une société factice, qu'une feinte société : où les droits en exercice sont faux, où les vrais droits sont à néant.

Ce n'est sous telle forme que ce soit, qu'une olygarchie usurpatrice : où les uns sont tyrans et les autres esclaves.

A ce terme, il ne s'agit plus des droits de l'homme mis au rebut, ni de la valeur de l'homme tenue en mépris.

Il n'en est parlé encore, qu'à l'effet de leur emprunter des armes, à retourner contre eux.

Disons-le cependant. Cet ordre de choses s'établit insensiblement, insciemment, peut-être inévitablement.

Car sans l'emploi combiné du jubilé des Hébreux et de l'ostracisme des Grecs, les fortunes accumulées, les lumières concentrées, amènent l'ascendant, apportent le pouvoir.

Il n'y a pas à s'opposer au fait : il n'y a qu'à éclairer sur le droit.

En laissant à part les généralités exposées sur la nature des droits, ce sera assez de relever la fausse acception d'un mot, la confusion de deux mots.

Qu'entend-on par la liberté politique?

D'abord, ce ne peut être pour l'immensité des hommes ineptes au pouvoir, qu'un mode, qu'un moyen propre à obtenir et garantir les libertés réelles, efficaces.

Il n'importe de la posséder que sous ce rapport : il importe de ne l'exercer que dans ce but.

De plus, en dépit du titre qui lui est attribué, ce n'est pas une liberté dans le vrai sens du mot.

Une liberté quelconque, la liberté généralement parlant, est commune à tous, égale entre tous; et devient pratique, productive.

Même une liberté ou la liberté, n'a qu'à ouvrir la voie, qu'à offrir l'outil, pour atteindre à la subsistance, à la jouissance : seules fins de l'être organique.

Si nul de ces caractères ne se rencontre dans la liberté politique, c'est que ce mot n'a pas de sens : c'est que pour rendre la chose dont il est pris pour signe, il faut dire, la faculté politique.

Le mot liberté n'est dûment appliqué qu'à l'acte d'agir à sa volonté, d'exercer ses moyens suivant ses besoins, enfin d'accomplir sa vie naturelle.

Il sous-entend que ce ne sera pas au détriment d'autrui : il n'entend pas que ce sera avec commandement d'autrui.

La liberté a seulement à se commander, et n'a nullement à commander.

On pourrait parler de la liberté politique dans les petits cantons suisses, où chaque homme mâle et majeur a voix égale dans les conseils ;

Attendu qu'alors, le gouvernement constitue une sorte de ménage commun, et consiste dans la règle imposée à chacun, par tous.

Aussitôt que le droit politique est remis à une classe distincte, il y a déraison ou trahison, à le défigurer sous le nom de liberté.

Vraiment ce droit considéré entre ceux qui le possèdent, présente une certaine ressemblance : étant égal et commun, étant pratique et profitable dans leur cercle.

Pourtant, alors même, il existe cette différence essentielle, que le sort ou l'art ou la force ont dû le conférer; au lieu que la liberté dérive de la nature même.

Mais ce droit examiné vis-à-vis ceux qui en sont exclus, ne porte que le caractère de l'autorité : mettant tout d'un bord, et rien de l'autre ; ici et là, dispersant ou concentrant les forces.

Et certes, l'autorité ainsi fondée, se sent invinciblement entraînée, à ériger le despotisme , à infliger la servitude.

Au moyen de cette appréciation réciproque , on arrive, ce semble, à saisir la vérité des choses, jusque-là voilée sous l'ombre traîtresse des mots.

Il n'y a point de liberté politique; c'est un *non-sense*, ayant pour effet de troubler les idées, d'étouffer les sentimens.

Voyez les badauds, se pavaner d'un tel titre, et se l'imaginer propre à eux, et n'en user qu'à leur plus grande gloire.

Leur drame se joue en deux scènes : la première, où la liberté dite politique encore en espérance, avec l'aide du peuple embauché, s'insurge contre le pouvoir et le met à bas :

La seconde, où la même liberté enfin en jouissance, au mépris du peuple congédié , s'arroge le pouvoir et en attribue les fruits à ses tenans, les charges aux déshérités.

Les badauds sont trompés d'abord, ne trompent qu'après.

Changez le mot perfide ; chassez l'ombre déce-
vante : et la vue, l'esprit leur seront rendus.

Le droit politique est une faculté, et non une
liberté.

Or une faculté est déférée, est conférée à telles
clauses, pour telles fins; suivant que le cas le prescrit, que le temps le permet.

Une faculté moralement et politiquement parlant, est imposée à charge de devoir public, plutôt qu'accordée à titre de droit personnel.

Au contraire d'une liberté, une faculté se voit
nécessairement restreinte parmi le petit nombre :
à cause qu'elle serait vaine, là où la capacité est
nulle; et que la capacité n'appartient pas au grand
nombre.

La faculté doit s'étendre, à mesure que la capacité se propage.

Même la faculté doit tendre par dessus tout, à
propager la capacité, et se l'adjoindre aussitôt :
ainsi s'amoindrissant pour chacun, s'élargis-
sant entre tous.

Quelle différence extrême !

La liberté est souveraine : la faculté est sujette.

Celle-là n'a souci que de ses propriétaires ; et
celle-ci que de ses mandataires.

L'une est appelée à vivre de mieux en mieux :
l'autre est tenue à se tuer peu à peu.

Les besoins de la nature font les droits; et les

droits font les devoirs de la société : s'il existe un droit ici, là il existe un devoir ; l'un qui est à protéger, l'autre qui a à protéger.

Il importe moins de proclamer le droit absolu ; il convient mieux de constater le devoir corélatif.

Ainsi la société n'est point exposée à l'irruption du droit, vague en son but, aveugle dans ses moyens.

Et plutôt elle est appelée à l'investigation du devoir, fixe en ses fins, éclairé dans sa marche (1).

---

(1) Que la société dérive d'un contrat ou résulte d'un fait : autrement, qu'elle ait été ou n'ait pas été faite par l'homme ; c'est une thèse offerte aux oiseux débats.

Qu'elle soit faite pour l'homme : c'est un dogme en morale et même en politique.

Rien n'engage à déclarer les droits de l'homme. Il suffit d'établir les devoirs de la société.

Le mépris des devoirs amène tantôt des révoltes subversives, tantôt des mécomptes ruineux.

Chaque brèche faite à la règle morale, seul rempart de la société, met la place à découvert.

Soit que la force accroissante à l'insu du pouvoir, vienne soudainement rallier ses élémens épars, et les lancer contre l'ordre légal.

Soit que la faiblesse empirant sous le coup des lois, doive manquer à fournir l'aliment à l'être social.

Que la puissance prenne leçon et rende grace.

Jamais elle ne se perd que par ses actes, que de son fait.

Nulle attaque ne prévaut contre la prudence ; l'imprudence ne se sauve par aucun effort.

Et la prudence, c'est la justice (*de la Limite de l'impôt :* 1829.)

Telle est aussi la différence entre le cours des deux phases sociales; celle-là conservatrice, celle-ci renovatrice.

Sous la première, il n'est fait état que des devoirs; sous la seconde, il n'est fait bruit que des droits.

Cela est à citer et non à blâmer.

L'action commande la réaction; l'une est libre, l'autre est obligée.

Là est le tort à l'origine; ici est le tort en conséquence : le premier plus coupable, le dernier plus funeste.

Si les devoirs avaient été accomplis, les droits ne se seraient pas insurgés.

L'Amérique d'abord, la France ensuite, viennent en preuve.

L'instinct à l'une, l'exemple à l'autre, leur a dicté une déclaration des droits de l'homme : fait encore nouveau, mot inconnu avant.

D'où cela venait? chacun le sait. Où cela allait? nul ne le savait.

C'était des droits abstraits et donc absolus; exclusifs à chacun, exclusifs de tous.

Il y avait des droits pour l'homme saisi à part, et point pour les hommes pris en masse.

Il n'y avait que des droits privés, point de droits publics. Chacun était libre en tout; tous n'étaient maîtres en rien.

Autrement, il n'existait point de devoirs, ni de l'homme devers la société, ni de la société envers l'homme.

Car, à proprement parler, les droits privés sont seuls des droits ; et les droits publics sont des devoirs, soit de chacun vis-à-vis tous, soit de tous vis-à-vis chacun.

La déclaration ainsi forgée n'avait qu'une face : le revers marquait ; l'endroit manquait.

On connaît les suites d'une telle erreur ; arrêtées au juste point chez la jeune peuplade, et ne s'arrêtant qu'au fond de l'abîme chez la vieille nation.

'On conçoit les causes d'une telle erreur.

Dans cette déclaration, conçue sous le feu de la mêlée, issue d'un coup de foudre, devait retentir le ton insolent de la victoire.

De temps immémorial, on était tout-à-fait privé de la jouissance, et presque de la connaissance des droits de la nature.

En les acquérant, ou plutôt en les conquérant à l'improviste et comme à l'insu, on s'imagina les créer, au lieu de les ressusciter ; les tirer du néant, au lieu de les saisir dans le chaos.

On se crut inventeur, ayant titre ainsi à les mouler, les modeler à son idée..

On se comporta à la façon de l'Éternel, alors qu'en sa toute-puissance, il daigna octroyer l'existence, et dispenser les facultés entre les œuvres jaillies de sa pensée.

Dès-lors, le mot de déclaration des droits n'a point de sens.

Les droits devaient être déclarés, comme ayant toujours existé en principe, et seulement n'étant pas restés en exercice.

Un homme a perdu son bien et le reprend au ravisseur : Dieu le garde de dire qu'il se le donne.

Au contraire, les droits sont décrétés comme *à priori*, comme *ad nutum*.

Les droits sont réputés, ce semble, naître de ce jour même; et, pour la première fois, être mis en activité.

Les droits sont établis à la façon et sous la forme de facultés déférées, conférées.

Il est dit : Fais ceci, fais cela, s'il te duit : En ces points, n'obéis qu'à ta volonté. Jusque là, tu peux; au-delà, tu ne dois.

Il est dit : Que ce point soit bien entendu; c'est la société qui t'autorise ainsi, qui te doue d'être, de vivre, d'agir.

Or, ce mode qui diffère tant en apparence, détermine en effet des résultats contrastans.

Voilà qu'au nom de la société, l'homme ou les hommes installés au pouvoir viennent à conférer des facultés.

En premier lieu, le cerveau travaille et se creuse, s'esquivant au rapport des organes, à l'examen de la raison, se confinant, se concentrant dans quelque idée vide de sens, vaine au fond.

D'où les droits préconisés sont de sorte abstraite, comme l'égalité, la liberté; ou de sorte absurde, comme la souveraineté : les unes et les autres, prises dans le sens absolu.

En second lieu, l'être soufflé par l'instinct et borné en intelligence, ne sent qu'en lui-même, ne pense qu'à lui-même : mettant en tête ce qui le touche, et sous les pieds, ce qui ne touche qu'autrui.

D'où les mêmes droits encore, sont seuls reconnus, seuls proclamés : étant exclusivement appropriés, à la classe saisie du pouvoir.

C'est le contre-pied du juste, de l'utile, du possible.

Les droits ne doivent point être considérés comme des facultés à débattre, à déférer : mais plutôt comme des capacités à reconnaître, à respecter.

Les droits sont écrits dans la nature, n'ont qu'à être traduits par la société.

Dans la nature, les capacités impliquent, expriment les besoins réels ; et, dans la société, les facultés n'apparaissent point à l'appel des vains vœux.

Tellement que, suivant le système du contre-pied : d'une part, maintes facultés restent sans exercice, et d'autre part, maintes capacités manquent d'exercice.

Il suffit de voir comment ici, la vie est refusée ou rognée à demi ; comment ailleurs, le vote est délaissé, ou jeté au hasard.

Interpelez les désirs, vous serez trompé sur les facultés.

Interrogez les besoins, vous serez instruits des capacités.

Au physique, l'homme a le besoin de vivre, de se nourrir, se vêtir, se loger.

Et il aura la capacité, d'abord de manger et digérer, puis de bouger et travailler.

Au moral, l'homme a le besoin de vivre aussi.

Et il aura la capacité d'observer et de réfléchir, de sentir et d'aimer.

La capacité n'étant autre que le moyen de satisfaire au besoin; à son défaut, le besoin serait en souffrance : et l'être périrait; le monde finirait.

Il n'y a point d'être qui ne subisse le besoin; il n'y aurait plus d'être, si le besoin n'était accompagné du moyen de le satisfaire.

Même en théorie, on pourrait soutenir qu'ainsi que le besoin naturel annonce la capacité, aussi la capacité détermine le besoin social.

Et qu'à ce titre, la capacité commande le droit : principe qui présente le terme final de la civilisation, le point suprême de la sociabilité.

Voilà des paroles dont la nouveauté même présage la vérité.

C'est assez d'observer comment les hommes s'entendent de moins en moins, comment les choses se développent de pis en pis.

Le désastre des conséquences, atteste le vice des principes.

Là, où les insensés ne voient que la fatalité issue des hasards de ce bas monde ; la raison voit seulement la nécessité résultante des actes de l'homme.

Les méprises enfantent les mécomptes.

Or, le besoin implique la capacité, et la capacité emporte le droit. Les capacités sont à discerner, et non les facultés à décerner.

Tel est le dogme réduit aux plus simples termes.

Le droit politique, investi à tort du vain titre de liberté, et ramené au caractère de simple faculté, est encore prisé comme moyen, n'est plus admis comme fin.

C'est l'outil apte à l'œuvre.

L'œuvre consiste à départir le droit à la capacité, afin que la capacité s'exerce à contenter le besoin.

Par l'une et l'autre voie, par toutes les voies, on revient à ce point, que le besoin fait le droit, que le besoin est le droit même :

Ou pour mieux dire, que le besoin, le droit ne font qu'un, ne sont qu'un ; étant voués à rendre, à représenter les deux faces du même sujet.

Ainsi s'évanouit le droit abstrait, dont les imaginations se sont tant fascinées.

Ainsi apparaît le besoin réel, que les intelligences ont à saisir, à peser.

Et pour rallier le vrai droit au vrai besoin, se présente la capacité qui doit satisfaire celui-ci, que celui-là doit satisfaire.

Il y a donc à se mettre en quête, à la recherche des capacités ; d'abord et surtout, des capacités octroyées par la nature et dispensées à chaque être en même raison.

Car l'homme, étant de valeur égale, si la part attribuée n'est pas justement balancée, le droit est trahi.

Car la société ayant une puissance fixe, si la part accordée est exagérée, le besoin est compromis.

Les capacités valables à ces titres, se montrent seulement dans l'ordre organique, attendu qu'en dehors, la diversité est extrême.

Non cependant qu'il ne faille après leur examen, rechercher aussi celles qui s'offrent dans l'ordre intellectuel.

En tête, se montre la capacité de vie, laquelle

est préexistente à toute autre, est donc prééminente, prédominante.

La vie fait l'être.

L'homme a le besoin de vivre, par cela même qu'il est né; l'homme a le pouvoir de vivre, puisqu'il existe encore.

La légitime ordonnance sociale consiste en ce que le besoin soit maître et que le pouvoir soit libre.

En ces deux points, gît le droit.

Cependant la capacité de vie semble se diviser en plusieurs branches, se présenter sous plusieurs aspects.

En premier lieu, la capacité de nutrition tout-à-fait de nature animale : par laquelle la matière étrangère assimilée à la propre substance, vient compenser la déperdition incessamment subie.

En second lieu, et à l'effet de produire, d'apporter la matière apte à la nutrition, la capacité précise d'action, ou en des termes plus généraux, la capacité vague de motion.

L'une et l'autre qui de plus en plus, en raison du degré de la civilisation, s'impreignent du caractère intellectuel ou mental.

La vie est entretenue par le mode de la nutrition.

La nutrition est servie au moyen de la motion, de l'action.

De là, la motion et l'action doivent être dégagées d'entraves et préservées de troubles, dans leur service en vue de la nutrition.

De là aussi, au cas que leur service se trouve impuissant ou insuffisant à l'œuvre de la nutrition, cette œuvre doit être servie en toute autre façon.

Il y a à libérer le moyen, puis à suppléer au moyen : attendu qu'en tout cas, le besoin est de première obligation.

Le travail en tête, le secours à défaut, trouvent ici leur loi.

La nécessité commande de créer d'autres mots, pour rendre des idées nouvelles.

C'est un double risque à courir : la conception la plus droite, manque à être admise, si l'expression n'est pas juste.

De plus, une arme certaine est jetée à ceux qui ne veulent pas, et donc qui ne peuvent pas croire.

La critique des mots souvent non sans raison, suffit à tourner les idées en ridicule.

Il faut tenter toutefois.

Au lieu du terme banal de capacité dont il a été fait usage, il y aurait à substituer pour rendre l'idée plus sensible, le terme d'aptitude.

L'homme est apte à la vie, plutôt qu'il n'est capable de la vie : comme aussi il est plutôt apte que capable, à l'égard de la nutrition, de la motion, de l'action.

Ces mots, *être apte ou habile* à telle chose, offrent

un sens plus net, portent une notion plus positive, que les mots, *être capable* de telle chose.

On pourrait dire que l'aptitude est synonyme de la capabilité: expression dont l'entente s'étendrait au-delà de l'acception donnée au mot de capacité.

Ceci, bien qu'un peu vague et peut-être équivoque, n'est point dit en vain: devant ouvrir les voies à l'appréciation, à l'acceptation de termes encore inusités.

Ainsi l'aptitude ou la capabilité, dont l'homme est essentiellement doué en fait de la vie, serait ce semble, exprimée par le terme de vitabilité.

L'enfant est viable, lorsqu'il a qualité pour soutenir la vie: l'homme est vitable, puisqu'il a qualité pour entretenir la vie.

L'homme est vitable, c'est à dire apte, habile à la vie.

Il fut fait apte et habile par la nature: il doit être laissé tel par la société.

L'homme a la vitabilité, autrement l'aptitude, l'habileté à la vie.

Il reçut de la nature, le pouvoir; il réclame de la société, l'exercice.

La vitabilité est l'essence même de l'homme. Vivre, c'est être: être, c'est vivre.

Tous les besoins, tous les droits, y résident, en résultent.

De même que les besoins se réduisent, se concentrent en un seul; de même font les droits.

Il n'y a qu'un besoin : il n'y a qu'un droit.

Le droit unique répond à l'alliance indissoluble du besoin absolu et du pouvoir suffisant.

Le droit unique est extrait du principe de vitabilité ; est traduit sous le nom du droit de vitalité.

Cependant la vitabilité est une puissance virtuelle, ou du moins n'entre en mouvement que sous des modes distincts, successifs.

Deux pouvoirs travaillent à porter sa puissance, au point de l'efficacité.

Il y a le pouvoir de nutrition, purement de l'ordre physique ; dont l'acte merveilleux transforme la matière inorganique, en la substance organique.

En telle sorte que dans un temps donné, toute molécule aura passé par les trois règnes minéral, végétal, animal.

La nutrition s'effectue par un travail mécanique, où n'interviennent ni l'intelligence ni la volonté.

La machine attend pour produire l'œuvre, que l'aliment soit fourni à son exercice.

Le pouvoir de motion généralement parlant, ou le pouvoir d'action, en tant que la motion s'opère en un sens précisé, est chargé de cette tâche.

Au lieu que la motion proprement dite se borne à promener l'être çà et là ; l'action s'emploie à enfanter des produits, à les présenter au travail de la nutrition.

L'homme est de même apte et habile, soit à la nutrition, en sa simple qualité d'être physique, soit à la motion et à l'action, en sa double qualité d'être physique et moral.

Et le pouvoir matériel de nutrition étant à l'abri des atteintes légales; seulement les pouvoirs mi-partie matériels et intellectuels, de motion, d'action surtout, sont à garantir, à libérer.

En les désignant par analogie, sous les noms de motibilité, et d'actibilité; il y a à dire, que la vitabilité ne sort de l'ordre virtuel, n'entre dans l'ordre effectif, qu'à leur aide, qu'avec leur entremise.

Ici est la fin ; là sont les moyens.

La fin ne s'accomplissant que par les moyens, les deux dernières qualités doivent être respectées, à l'égal de la vitabilité même.

Elles ont de même à passer au rang des droits, à s'y placer au faîte.

Au titre d'agens obligés du droit de vitalité, la prééminence, la suprématie, l'uniquité pour parler ainsi, appartiennent aux droits de motilité, d'actilité.

Comme l'homme naît de valeur égale, et vit à titre égal, le caractère du droit est d'être commun à tous, d'être pareil pour tous.

Comme rien n'existe avant la vie, sans la vie, la condition du droit est de l'entretenir, de la garantir.

Le droit vital est le seul droit égal ; est par double raison, le droit unique.

Or, dans la nature, rien n'est juste si ce n'est possible : et par suite, tout est possible, si c'est juste.

Jamais le besoin absolu, le pouvoir suffisant ne manquent de s'unir, de s'allier.

Le besoin de vie ne fait qu'un avec le pouvoir de vie.

Et la société existe, à la charge de développer la nature.

Pour elle, le besoin et le pouvoir unis, font le droit.

Car la nature ne présente que ces deux faits : et le droit ne peut être extrait que de la nature.

En fait des droits, ici est le dogme éternel, immuable : ailleurs sera le code éphémère, instable.

Les autres droits survenant à l'appel des circonstances, ont à se coordonner avec le droit préexistant, à se subordonner au droit prééminent.

Les droits d'égalité et de liberté, de propriété et de sécurité, ne sont légitimes et valides que par déduction, qu'en exécution du droit de vitalité.

Le Code qui les contient doit émaner du dogme qui le prescrit, et doit constamment en ressortir, s'y rapporter.

C'est le droit naturel ; et ce sont les droits sociaux : celui-là de création divine ; ceux-ci d'invention, de convention humaine.

Toutefois, le droit de vitalité, est non-seulement à respecter en son principe, mais encore dans ses moyens, dans ses agens.

Si vous coupez bras et jambes , comment l'estomac sera-t-il servi.

Si vous entravez la motion et l'action, comment la nutrition sera-t-elle fournie.

Les pouvoirs de motion et d'action sont les moyens du pouvoir de vie, sont les agens du besoin de vie.

Par eux seuls, ce pouvoir s'exerce, ce besoin s'accomplit.

Ainsi, et au même titre , au même rang que le droit de vitalité, apparaissent les droits de motilité et d'actilité.

Le droit de motilité n'est mentionné qu'en tant qu'il contient le droit d'actilité, et généralise ainsi davantage.

Le terme de motion se rapporte à tout mouvement quelconque : au lieu que le terme d'action ne sied qu'à tel mouvement précis , efficace.

Même la motion proprement dite n'appartient qu'à l'homme, lequel bouge pour bouger : et l'action seule se rencontre chez l'animal, qui passe immédiatement du travail au repos.

C'est bien assez que d'avoir à réclamer, à obtenir dans toute sa plénitude, l'exercice du pouvoir d'action , du droit d'actilité.

Comme nul pouvoir n'est donné par la nature sauf que ce soit en vue d'un besoin ; aussi tout pouvoir doit être consacré par la société à titre d'un droit.

La seule exception se rencontre, alors que les

pouvoirs viendraient à lutter, à combattre l'un contre l'autre.

Moralement, le pouvoir d'action qui s'exerce en pleine souveraineté à l'égard des choses, ne s'exerce au sujet des hommes qu'en façon de réciprocité.

A part ce cas, où le différent doit être résolu ou prévenu par la légalité ; il est vraiment incompréhensible que l'autorité ait osé intervenir et s'entremettre, entre le pouvoir armé de l'action et la matière soumise à l'action.

Car en même temps, les choses ont été créées à l'effet de servir le besoin ; et le pouvoir a été donné en vue de faire servir les choses au besoin.

Le pouvoir, et la matière sont en concordance, en concomittance ; destinés par leur union à enfanter les fruits.

Loin d'être autorisé à la violation de l'ordre naturel, l'ordre social n'a pour mission que de le protéger en son cours, de le préserver de toute atteinte.

On parle de la civilisation.

Que veut dire ce mot ? sinon le développement des capacités de tous, ou la réalisation de l'aptitude de chacun, ou l'application des pouvoirs de la nature.

Le tout dans sa plénitude, et sans limites, sans entraves, de la part de l'autorité.

Enchaîner le pouvoir doué de l'action; enlever la matière offerte à l'action : ou imposer un frein à l'aptitude, une barrière aux capacités : c'est repousser et refouler le progrès social.

Si ce principe n'est ni nettement formulé, ni effectivement pratiqué, du moins quelque instinct occulte à suscité l'idée des droits de liberté et d'égalité.

Mais le mot de liberté ne rend que vaguement le sens du droit de motilité et d'actilité; c'est-à-dire du plein exercice des pouvoirs de motion et d'action.

Il dit bien que la loi doit libérer ces pouvoirs; il ne dit pas que ces pouvoirs ont à dicter la loi même.

Et le mot d'égalité dit seulement que la liberté ainsi octroyée, appartient à tous en même latitude, avec même certitude.

De ces droits mal entendus, le second n'offre

qu'une courte joie à la vanité ; le premier cause un dommage sensible à l'humanité.

Liberté, liberté ! ce cri ressucité des Grecs et des Romains porte aux uns le même sens, et ne porte aux autres aucun sens.

Ceux-ci couvent leurs trames sous le drapeau sacré : ceux-là s'élancent avec le drapeau, dans les nues.

La liberté vraie et réelle, la liberté civile, justement en ce qu'elle est commune, se voit trahie d'un bord et violée de l'autre.

En son lieu, sous son nom, apparaît la liberté politique, qui à la fois jette un charme ineffable à l'exaltation, et une arme redoutable à l'ambition.

Soyons tous libres, tout-à-fait libres, se disent les uns. Faisons-nous maîtres, seuls maîtres, se disent les autres.

Et soit dans la lutte acharnée qui est à soutenir, soit après le triomphe éclatant qui sera obtenu, rien ne reste, ne revient de la liberté vraie et réelle ;

Est-ce donc, semble-t-il d'un bord, que l'homme quelconque, soit autre qu'un esprit pur : auquel reste encore le goût de boire et manger.

Est-ce donc, paraît-il de l'autre bord, que le même homme soit autre qu'un pur animal : auquel appartînt jamais le droit de boire et manger.

Retournons au vrai : laissons les Grecs, les Romains, d'autant plus libres qu'ils l'étaient seuls, d'autant plus maîtres de leurs personnes qu'ils l'étaient d'autres personnes aussi.

La liberté politique qui jamais n'est départie qu'à un centième et moins des membres de la cité, ne présente que le moyen propre, que l'instrument apte, à garantir l'exercice des pouvoirs de motion et d'action.

L'égalité civile n'offre que le mode, que la règle de cet exercice.

Certes, rien de plus utile que ce moyen, rien de plus juste que ce mode.

Seulement quant au mode, un défaut se rencontre, en ce qu'il se borne jusqu'à présent, à l'effet d'abaisser au niveau, les têtes alors prééminentes ; et de rehausser au-dessus du pair, les têtes encore subordonnées.

Quant au moyen, un vice se développe, en ce qu'il n'en est usé qu'en vue de faire tels et tels d'abord libres, puis seuls libres, enfin tout-à-fait maîtres ; et de refaire en autre façon, l'état social de l'esclavage des premiers temps, ou de la servitude du moyen âge.

Retournons au vrai.

L'homme n'a qu'un besoin : vivre.

Il y a la vie physique et la vie morale : celle-là antécédent obligé de celle-ci.

L'ame ne vit qu'autant que vit le corps.

Comme l'homme n'éprouve qu'un besoin, aussi il ne tient de la nature, qu'un pouvoir ; il n'attend de la société, qu'un droit.

Le nécessaire, le possible, le juste ainsi liés ensemble et mis d'accord, se résument dans le droit de vitalité.

Tout gouvernement quelles que soient ses formes, qui manque à maintenir ce droit, pour tous sans exception, est mauvais.

Tout gouvernement qui parvient à garantir le fait, même à part du droit, même avec distinction entre tous, est bon.

L'état doit, ou laisser vivre, ou faire vivre.

Dans l'ordre actuel des sociétés humaines, l'état étant impuissant à faire vivre, est obligé à laisser vivre.

Afin que le besoin s'accomplisse ; il lui faut libérer le pouvoir, consacrer le droit.

Le travail étant remis à la charge de chacun, il lui reste à protéger, à favoriser les moyens dans leur exercice ; à les reconnaître et les défendre à titre de droits.

Or en conséquence, en dépendance du droit de vitalité, apparaît le droit de motilité, ou seulement d'actilité.

Agir pour vivre : tout est là.

Et c'est à entendre d'une façon illimitée, sauf en ce point que l'un vint à agir, de sorte à réagir contre l'autre.

Le laisser faire, le laisser aller des économistes, ne disait autre chose.

Cependant qu'advient-il ? le principe est reçu par tous, est violé en tout.

La pensée et la parole se vouent à son culte : la conduite est dirigée vers sa ruine.

Tantôt la routine et le préjugé, ou l'ambition et

la perfidie, ou le délire et le vertige ferment l'œil
à la lumière.

Tantôt dans la guerre interminable entre les
factions ennemies, ou le principe s'efface de la
mémoire, ou son exercice est ajourné à l'époque
de paix, quand jamais il n'y aura de paix.

La civilisation résulte de la perfectibilité de
l'homme, consiste dans le perfectionnement de
l'homme.

La nature enfante la société. Les besoins chez
l'une, tournent en droits dans l'autre.

Il importe d'assigner le vrai sens du mot de
droits.

En France, en Europe, dans l'univers, ce mot
ne se disait qu'au singulier et s'entendait de l'autorité, de la prérogative, du privilège, de la faculté légale ou coutumière.

Le dictionnaire en fait foi.

Pour le rencontrer au pluriel, il faut le saisir
dans la traduction du mot anglais, *rights*.

En cette langue, son acception est plus vraie,
plus précise, comme l'atteste aussi le dictionnaire.

Apte, propre, convenable; juste, honnête, dé-
cent: ces expressions en déterminent le sens.

Ici, c'est le pur et naïf langage de la nature :
là, c'était la langue factice de la société.

Maintenant, le sens du langage naturel est admis en apparence : et l'esprit de la langue sociale
domine en réalité.

Pour l'homme inepte de tête, ignoble de cœur, l'idée haute et large et pleine des droits, dépasse trop la conception.

Le mot demeure confiné à l'étroite et inique idée du droit, en son acception ancienne.

Or le droit érigé lors de la conquête des Barbares, n'était autre à l'origine que le droit de la force; et ne fut par la suite que son développement progressif.

La révolution de France est survenue, abolissant en sa furie, une forte part des rapports dérivés du long exercice de ce droit.

Les résultats matériels furent sabrés; mais le principe idéal, profondement enraciné dans le cerveau ne fut nullement atteint.

Seulement les effets anéantis firent place nette, à l'avènement des faits analogues.

Le droit en sa fausse et fatale entente, passa au service des nouveaux vainqueurs.

Il suffit de voir comment ont été institués, les démembremens du droit primitif.

Droit de souveraineté! autorité conférée en due forme à la minime fraction de la société, douée de lumière et de loisir, appelée aux joies, aux jouissances.

Droit de liberté! prérogative réservée par le fait, à la fraction encore minime, investie de fortune ou d'intelligence, recueillant le revenu ou commandant le travail.

Droit d'égalité! privilège restreint aussi à la

fraction plus minime, favorisée d'une existence indépendante et dispensée du recours à la flatterie, à la servilité.

Droit de propriété ! faculté confinée en forme et par le fait, aux classes aisées, ou plutôt aux seules classes riches, les autres étant à l'abri des atteintes.

Droit de sécurité ! faculté de nature analogue appliquée aux personnes, au lieu des choses, et confinée aux classes riches par la même raison.

Voilà la société, avec ses droits conventionnels, secondaires. Et voici la nature, avec son droit essentiel, primaire.

Justement, le type du droit primaire est en pleine opposition, vis-à-vis le mode des droits secondaires.

Ceux-ci sont rétribués par la méthode d'élimination, entre les membres de la cité ; et d'après la règle d'exclusion, souvent de la presque totalité, toujours de l'immense majorité.

Celui-là est attribué en une façon généralisée, à cette même presque totalité ou grande majorité, non pas avec exception, mais bien sans acception de la fraction excédante.

Le droit primaire est le droit de vitalité avec ses appendices obligés, les droits de motilité et d'actilité.

Sans doute, et le premier et les derniers sont vains, sont nuls pour la section de la société, à la-

quelle ont été consacrés tous les droits secondaires.

Pour elle, c'est du superflu ; tandis que pour
la masse , c'est le nécessaire même.

Le droit primaire ne sert en rien à cette section, comme aussi il ne lui nuit en rien : à la différence des droits secondaires qui ne servent pas
et qui nuisent à la masse.

Disons mieux. Le droit primaire ou le droit de
vitalité, directement garantit l'existence de celle-
ci; et indirectement fournit aux jouissances de
celle-là.

Car au moyen de son observance, l'homme
garde la vie, et la vie porte le travail, et le travail
jette les produits.

Un tel contraste trouve ici son explication.

C'est que la société d'abord paternelle dans la
tribu , puis fraternelle dans la cité , a passé à la
merci des forts , et s'est constituée en oligarchie.

Quelle que fût la forme politique, la société en
est venue partout, à se faire des seigneurs comme
à Berne, des excellences comme en Hollande.

Et leurs seigneuries, leurs excellences, non
sans lutter entre elles et se supplanter tour à tour,
oublient trop communément qu'il existe d'autres
êtres, d'autres hommes; sauf qu'il n'y ait à les
faire payer, et tuer.

Tandis qu'au contraire , la nature n'a que des
enfans, ne voit en eux que des frères, tous égaux
en droit, bien qu'inégaux en fait.

La société soigne et ménage seulement les seigneurs de vieille date ou de jeune crue : la nature
sert surtout et protège ses juveigneurs, ses derniers et débiles enfans.

Par hasard sans doute, il est échappé à la lé-
gislation sociale, un terme dont la conception est
large, autant que l'acception en est étroite.

C'est le droit commun.

Non-seulement il y a le droit commun : mais
encore il n'y a que le droit commun.

Autrement, le droit, bien qu'il soit ainsi de-
nommé, n'est point le droit, s'il n'est commun.

Ou plutôt ces deux mots, *droit* et *commun*,
n'ont de sens qu'ensemble, ne font qu'un mot à
vrai dire.

Cela se conçoit ainsi :

Le mot droit en passant au substantif, garde la
même expression : et mis à l'adjectif, le mot droit
est synonyme du mot juste.

Or parmi les hommes, la loi voit des égaux,
et la science des semblables; l'âme voit des frères ; et mieux encore, l'évangile, en tel et tel homme, ne voit que le prochain.

Partout, et là en paroles seulement, ici en opinion, en sentiment, chaque homme est même
homme.

D'où rien n'est juste, s'il ne va à tout homme,
à l'un comme à l'autre.

D'où il n'y a de juste, de droit, que ce qui est commun.

Sous un autre aspect, le caractère du juste ou du droit se dévoile de même.

Qu'est-ce que l'homme? un animal d'abord.

Qu'est-ce qu'a l'animal? un besoin surtout.

L'homme animal vit : rien de plus.

Il vit à égal titre : il vit à semblable dose. En droit, en fait, la parité est complète.

Alors survient la société, naissant de la nature, héritant des biens, des charges.

La nature conçoit la société : la société consacre la nature.

Le besoin qui est de la nature, se traduit dans le droit qui est de la société.

Le besoin animal institue le droit moral.

Ainsi que l'un est commun, l'autre est commun aussi.

Il n'existe que le droit commun.

Cependant la théorie est absolue; et la pratique est relative : la théorie doit être précisée, limitée, arrêtée.

C'est toujours le même fait, le seul fait capital, dont il faut partir.

Animal, besoin, voilà ce qui existe.

Besoin qui manque, animal qui cesse : voilà ce qui menace.

Le juste, le droit, ont à le prévenir.

Mais aussi le juste, le droit n'ont pas à franchir au-delà, à se lancer tout à travers.

Le besoin animal se borne à la vie, au nécessaire de la vie : et de même, le droit moral.

A forcer la nature, comme à frauder la nature, la société languit et périt.

Le nécessaire de la nature fait le possible de la société : l'un à recueillir, l'autre à dispenser.

Laisser vivre sans doute, faire vivre peut-être. Tel est l'*ultimatum*.

Ainsi, il y a de la marge disponible, en vue des existences nées et naissantes.

Ainsi, il n'y a ni trouble, ni désordre :

Même, il y a profit immédiat ou médiat pour tous : il y a accord présent et paix future entre tous.

Extraits des nouveaux principes d'économie, par M. de Sismondi, vol. 2.

Nous avons défini l'économie politique, la recherche des moyens par lesquels le plus grand nombre d'hommes, dans un état donné, peut participer au plus haut degré de bien-être physique qui dépende du gouvernement. Deux élémens doivent toujours être considérés ensemble par le législateur, l'accroissement du bonheur en intensité, et sa diffusion entre toutes les classes. Il cherche la richesse, pourvu qu'elle profite à la population : il cherche la population, pourvu qu'elle participe à la richesse ; il ne veut de l'une et de l'autre, que celle qui augmente la masse du bonheur de ceux qui lui sont soumis. C'est ainsi que l'économie politique devient en grand, la théorie de la bienfaisance, et que tout ce qui ne se rapporte pas en dernier résultat au bonheur des hommes, n'appartient point à cette science. (Page 250.)

. . . .

L'impôt doit être considéré par les citoyens, comme une compensation de la protection que le gouvernement accorde à leurs personnes et à leurs propriétés. Il est juste que tous le supportent, en proportion des avantages que la société leur garantit, et des dépenses que la société fait pour eux.

La plus grande partie des frais de l'établissement social est destinée à défendre le riche contre le pauvre ; parce que, si on les laissait à leurs forces respectives, le premier ne tarderait pas à être dépouillé.

Il est donc juste que le riche contribue, non-seulement en proportion de sa fortune, mais par delà même cette

proportion, à soutenir un ordre qui lui est aussi avanta-
geux; tout comme il est équitable de prendre plutôt sur
son superflu, que sur le nécessaire de l'autre. (Page 155.)

. . . .

La plupart des travaux publics, la plupart des frais de
défense et de justice, ont pour objet la propriété territo-
riale; il est donc juste que le propriétaire de terre soit,
dans la proportion plus taxé que les autres. Cependant,
si le pauvre lui-même participe aux bénéfices de l'ordre
social, le riche capitaliste, le riche marchand, le riche
fabricant y participent bien davantage. Ils sont, s'il est possible, plus exposés à l'envi du pauvre que les propriétaires fonciers, et un moment d'anarchie détruirait bien
plus rapidement leur fortune. Pour faire valoir cette fortune, ils sont, par eux-mêmes, ou par leurs agens, ou par
leurs débiteurs, tous en lutte, avec les pauvres qu'ils font
travailler : ils sont aussi tenus à contribuer au-delà de la
proportion de leur revenu, pour un gouvernement auquel ils doivent leur existence même. (Page 156.)

. . . .

L'impôt est un mal, seulement autant que c'est un mal
d'acheter par un sacrifice la chose dont nous avons besoin ou envie; mais aussi c'est un bien, si cette chose
nous procure plus de jouissance, que le sacrifice par lequel nous l'avons obtenue, ne nous en ôte. Si la société
était bien organisée, cela devrait toujours être ainsi, car il
doit toujours y avoir économie à réunir pour un but commun, les efforts de plusieurs, plutôt que de chercher à
l'attendre par une suite d'efforts individuels. (Pape 158.)

. . . .

Il est vrai, que dans plusieurs pays la classe ouvrière à
été réduite au salaire qui lui est strictement nécessaire pour

(53)

vivre. On a estimé comme un bénéfice tout ce qu'on pouvait retrancher sur le paiemeut de sa main-d'œuvre ; on a regardé le produit net en faveur des riches, comme le but unique de la société ; tandis qu'aux yeux de tels publicistes, les ouvriers n'ont plus été qu'un moyen de produire la richesse, qu'on pouvait aussi bien retrancher dès qu'il était inutile. Dans cette déplorable organisation sociale, tandis qu'on calcule la nourriture qui peut à moins de frais conserver la vie, et les bornes du travail qu'on peut exiger chaque jour sans que les forces physiques y succombent ; il y aurait sans doute de la dérision de demander au pauvre ouvrier qui ne connaît aucune jouissance, de payer pour la jouissance d'un ordre et d'une justice qui ne le protègent point, d'un honneur national auquel il reste indifférent. (Page 164.)

. . . .

Si le salaire de plusieurs familles d'ouvriers leur suffit tout juste pour vivre, il existe aussi plusieurs familles de propriétaires, de pauvres capitalistes, qui ne retirent pas plus de rente de leurs terres ou de leurs capitaux, que les ouvriers n'en retirent de leur travail. L'impôt peut aussi bien retrancher sur le nécessaire, en atteignant le produit net, que le produit de l'industrie ; et il est tout aussi injuste et tout aussi cruel de faire mourir de faim les propriétaires que les salariés. (Page 164.)

. . . .

Le revenu national naît par l'action simultanée de quatre classes de personnes, les propriétaires, les capitalistes, les industriels et les journaliers ; il se partage entre eux sous les noms divers de rente, intérêt, profit et salaire ; partout il est également destiné à acheter des jouissances ; partout il doit contribuer à la jouissance com-

mune de l'ordre public ; partout il doit être taxé d'une
manière proportionnelle à ces autres jouissances qu'il peut
procurer ; partout il doit être ménagé, lorsque la taxe,
atteignant le nécessaire, ne laisserait pas au contribuable
de quoi vivre. (Page 165.)

. . . .

S'il y a une partie du revenu national à laquelle le fisc
ne doive toucher qu'avec précaution, de peur d'entamer
celle qui est nécessaire à le faire renaître, c'est sans doute
les salaires, où est le revenu de tous ceux qui vivent de
leur travail. Ce revenu, les ouvriers doivent le consom-
mer, en se maintenant eux-mêmes, eux qui sont *le
capital vivant* de la nation. . . . .

Il y a dans le salaire une partie nécessaire, qui doit
conserver la vie, la force et la santé de ceux qui le per-
çoivent, afin que le travail se continue, afin que le salaire qui pour eux est un revenu, mais qui est un capital
pour ceux qui le paient, puissent rendre à ces derniers les
fruits qu'ils en attendent, et continuer d'année en année,
à imprimer le mouvement à la machine sociale. Malheur
au gouvernement qui touche à cette partie ! il sacrifie tout
ensemble, et des victimes humaines, et l'espérance de ses
futures richesses. (Page 168.)

. . . .

Si l'on se donne la peine de récapituler les différentes par-
ties du revenu du riche, qui sont ainsi soustraites à l'impôt,
on trouvera que c'est tout au plus sur le dixième de sa dépense qu'il paie quelques droits de consommation : que
ces droits s'élèvent toujours plus dans leur proportion avec
les revenus, à mesure qu'on descend vers les classes plus
indigentes, et que la plus malheureuse de toutes, celle
des ouvriers dont la dépense se compose presque unique-

ment de denrées achetées et introduites dans les villes, n'y échappe pour aucune partie de son revenu. (Page 211.)

. . . .

Déja la gabelle du sel avait été signalée pour son inégalité et pour la détresse à laquelle elle réduisait le pauvre. De même ce prétendu impôt sur la consommation était devenu une sorte de capitation, pesant sur tous les sujets, sans égard à la fortune du contribuable, ou a ses moyens de payer. Le plus pauvre ménage consomme autant de sel que le plus riche; mais il prend sur son plus étroit nécessaire, pour l'acheter, une somme que le riche aperçoit à peine dans son superflu. (Page 215.)

Il est impossible d'atteindre proportionnellement les revenus, par les impôts sur la consommation, ceux-ci ne servent que de supplément aux taxes directes; ils atteignent comme ils peuvent les revenus qui ont échappé aux premières : mais ils pèsent toujours inégalement sur la société, et dans cette inégalité, les pauvres sont toujours sacrifiés aux riches. Ces droits par conséquent ne peuvent être équitables qu'autant que d'autres droits indépendans de ceux-là, et assis sur d'autres principes, pèsent uniquement sur les riches. (Page 215.)

. . . .

Gardons-nous de la dangereuse théorie de cet équilibre qui se rétablit de lui-même ! gardons-nous de croire qu'il soit indifférent dans quel bassin de la balance on met ou l'on ôte un poids, parce que les autres ne tarderont pas à le compenser ! gardons-nous de croire qu'en chargeant d'un impôt les objets de première nécessité, si les pauvres en font l'avance, les riches finiront par le rembourser ! Un certain équilibre se rétablit, il est vrai, à la longue, mais c'est par une effroyable souffrance. On peut regarder comme un fait constant, que les capitaux ne se retirent d'une industrie que par la faillite du propriétaire, que les hommes n'abandonnent un métier que par la mort de l'ouvrier. (Page 220.)

. . . .

Si l'on charge d'un impôt les produits de première nécessité, quelque élevé qu'il soit, un certain équilibre finira un jour par se rétablir entre le salaire et la dépense nécessaire de l'ouvrier; car, s'il ne se rétablissait jamais, la nation périrait toute entière. Mais, avant que cet équilibre soit rétabli, la mortalité parmi les ouvriers qui ne trouvent plus de pain, aurait enlevé à la nation plus de vies que la plus désastreuse campagne. C'est par ces moyens terribles que la balance politique se relève; et, lorsqu'on descend des abstractions, où il ne faut jamais envelopper une science qui décide du bonheur et de la vie des hommes, c'est ainsi que s'opère le redressement. (Page 221.)

. . . .

C'est une habitude naturelle à l'esprit humain, que de chercher à réduire toutes ses opérations à la formule la plus simple ; de généraliser toutes ses règles, et d'accomplir, par un procédé uniforme, tout ce qu'il peut soustraire à des procédés plus compliqués. Cette habitude, qui tend à tout simplifier, à tout classer, à tout généraliser, est sans doute la cause des progrès les plus essentiels de plusieurs sciences. Il ne faut pas cependant s'y abandonner d'une manière irréfléchie; elle résulte plutôt de notre faiblesse que de notre force, et les abstractions sont moins souvent dans la nature que dans les bornes de notre esprit. (Page 171.)

<hr>

A. PIHAN DELAFOREST,
IMPRIMEUR DE LA COUR DE CASSATION,
Rue des Noyers, n° 37.